Votez pour moi !!

Du même auteur

Soleil Boiteux
Roman
L'épopée Vandale. Le roi Genséric, son œuvre.

Xrâ
Roman
Un futur proche, des humains en folie.

Les vérités de Fausz
Roman
Un vaurien raconte sa croisade.

Atout trèfle
Roman
Les affreuses conséquences d'une malchance inouïe

Yves Le Merre

VOTEZ POUR MOI !

À tous les chômeurs.

Éradiquer le chômage et annihiler la délinquance tout en réduisant la fiscalité, voilà un magnifique programme !

Vous pensez certainement avoir affaire à un fou et vous serez à coup sûr conforté dans ce sentiment en apprenant que le programme en question est basé sur la stricte prohibition de la monnaie fiduciaire.

Et pourtant...

Dématérialiser la monnaie, pourquoi ?

Si la nécessité de quantifier les valeurs accordées aux marchandises et aux services ne se discute absolument pas et qu'abolir le concept de la monnaie serait clairement une idiotie, il n'en reste pas moins que l'existence des pièces et des billets facilite (jusqu'à provoquer) la délinquance à but lucratif. L'occasion ne fait-elle pas le larron ? Pourtant, l'invention de la monnaie environ mille ans avant JC fut un réel progrès, facilitant les échanges et palliant les nombreux inconvénients du troc. Mais hélas, si la monnaie sonnante et trébuchante favorise le commerce, elle favorise également le vol car il est bien plus pratique de voler le fruit de la vente d'une vache plutôt que la vache elle même, qui laisse d'odoriférantes bouses partout.

L'argent n'a pas d'odeur, voilà son défaut.

Souvenons nous des Mésopotamiens qui avaient développé un système de gestion administrative des dettes et des créances et dont les premières écritures, cunéiformes sur tablettes d'argile, furent des écritures comptables. Cette méthode est rapidement tombée en désuétude, vraisemblablement faute de moyens techniques appropriés, bouillasse et stylet n'étant pas ce qu'il y a de plus pratique. Aujourd'hui les ordinateurs sont domptés, additions et soustractions sont jeux d'enfants : pourquoi ne pas imiter nos ancêtres Mésopotamiens et nous contenter de livres comptables ?

Aujourd'hui

Ceux qui le désirent peuvent déjà se passer d'argent liquide, ils règlent presque tout par carte bancaire, par chèque ou prélèvement. Reste alors le problème des toutes petites dépenses, du style boulangerie et bistrot (les coûteuses distractions inavouables et payées en liquide relèvent d'une autre problématique qui ne sera pas éludée, loin de là), mais généraliser un système aussi anecdotique que le porte-monnaie électronique ne servirait à rien car de nombreuses personnes continueraient à payer en liquide ; les honnêtes gens par la force de l'habitude, les truants pour de multiples raisons plus qu'évidentes, donc les fourgons blindés et les commerces continueraient à se faire braquer, les proxénètes racketteraient toujours les prostituées et les vieilles dames se feraient encore arracher le sac.

Hélas, même en supposant que les honnêtes récalcitrants finissent par entendre raison et n'utilisent plus que de la monnaie dématérialisée, ce ne serait jamais le cas des voleurs et des trafiquants pour lesquels cet argent qui n'a pas d'odeur est à la fois le but et le moyen. Je ne vois pas pourquoi les dealers accepteraient soudain les chèques et encore moins pourquoi les patrons d'ateliers clandestins utiliseraient autre chose que des petites coupures, très petites coupures usagées, pour payer leurs esclaves.

Donc il ne suffit pas d'encourager les paiements immatériels mais il faut bel et bien prohiber l'argent liquide. Cette idée peut sembler incongrue, mais en approfondissant nous allons découvrir que non seulement elle résout de façon imparable la majorité des problèmes liés à la malhonnêteté mais qu'elle en résoudra de nombreux autres. Seuls les imbéciles, les misonéistes forcenés et les mafieux viscéraux refuseront de l'admettre.

Coûteuse sécurité

De nos jours, le budget des armées est faible comparé à ce qu'il a pu être dans le passé tout simplement parce que nous ne sommes pas en guerre dans le sens napoléonien du terme. Par contre le budget de la police et de tout ce qui est lié à la justice est très lourd. Serions-nous en guerre civile ? Oui, nous sommes en guerre contre la délinquance et les terroristes. C'est la raison pour laquelle une masse phénoménale de nos impôts sert à entretenir une armée de policiers en tous genres, de gardiens de prisons, de juges, de magistrats, d'avocats, de psychologues, de psychiatres, de conseillers et de contrôleurs de toutes sortes. Mais hélas Austerlitz est loin, c'est la guerre des tranchées façon Nivelle, à la différence que ce ne sont plus des milliers de pauvres poilus qui en sont les victimes mais les millions de contribuables dont les impôts sont dépensés en pure perte, sans améliorer le moins du monde la sécurité.

Les économies seront donc multiples, économie des forces de polices, économie dans la machine judiciaire, économie dans les prisons.

Il serait inutile et fastidieux d'énumérer les multiples formes de délinquance, citons seulement le vol à la tire, le braquage de station-service et l'attaque de fourgon blindé. Dans tous ces cas, l'argent liquide ainsi obtenu sera net d'impôt, observons donc en passant que plus l'argent est mal gagné, plus il échappe facilement à l'impôt. Pour les cas de délinquance non brutale, tels ceux d'une femme de ménage ou d'un plombier payés au « black », il n'y a pas de victime directe, le préjudice est supporté par la collectivité. Or tout un chacun connaissant, souvent plus de près que de loin, une personne vivant de ces services ou les utilisant, ces pratiques sont en général fort bien acceptées. Mais que dire lorsque cette femme de ménage et ce plombier encaissent indûment diverses allocations liées à leurs faux faibles revenus ? Que dire, alors que cela n'est rien comparé aux mille autres inconvénients dus à la seule existence de l'argent liquide ?

Banque unique et gratuite

Paradoxalement, pour donner de l'odeur à l'argent, il suffit de le dématérialiser. Tout gain apparaissant forcément sur un compte bancaire, les pouvoirs publics en auront facilement connaissance.

Facilement ? Hélas non, car la traçabilité des transactions se perdra dans la multiplication des banques et rendra l'exercice difficile. Les malfaiteurs dissémineront leurs gains dans de nombreux établissements, ils compliqueront la tâche des enquêteurs et surtout la rendront plus coûteuse. C'est pourquoi la nécessité d'une banque unique s'impose.

Au même titre qu'il n'y a qu'une seule monnaie, il n'y aura donc qu'une seule banque habilitée à tenir les comptes courants (la banque de France?) service public entièrement gratuit qui se contentera d'effectuer les additions et les soustractions. Aucun frais de gestion ou de tenue de compte ne sera jamais prélevé, contrairement aux pratiques bancaires actuelles qui vont jusqu'à prétexter la sécurité pour ne pas disposer de liquidités et vous vendre une « carte minute », plus de deux euros, afin que vous puissiez récupérer une partie de l'argent que vous leur aviez prêté. Un comble parmi d'autres !

Si seule une banque sera habilitée à tenir les comptes courants, il ne sera pas pour autant question d'interdire le métier de banquier. Les banques d'affaires, d'investissements ou d'assurances et de tout ce que vous voudrez pourront fort bien continuer à exercer leurs très honorables activités capitalistiques, mais elle ne pourront pas émettre de cartes bancaires : pour encaisser les commerçants ne disposeront que d'un seul lecteur de carte, celui fourni par la banque Unique. Cette centralisation permettra aux services de police de repérer à coup sûr les transactions suspectes mais surtout elle permettra une simplification extraordinaire du système fiscal. Système qui, non content d'être injuste, prouve depuis quarante ans qu'il ne fonctionne plus : les impôts augmentent toujours (saluons à ce propos la remarquable inventivité de nos énarques) et la France s'endette.

Fiscalité

Pourquoi la fiscalité est-elle si compliquée ? Vaste question à laquelle il est en fait relativement facile de répondre.

Notre système fiscal actuel est un indescriptible et empirique magma d'usages hérités d'un peu toutes les époques, devenu au fil des besoins et des fantaisies gouvernementales une inextricable machine à produire des injustices, qui non contente de souvent manquer son but absorbe pour fonctionner une énorme partie de ses fruits.

Il est clair que dans le passé les pouvoirs publics, rois

et roitelets, despotes, tyrans et empereurs, n'avaient pas d'autre choix qu'utiliser les moyens du bord et de prendre l'argent là ou ils le voyaient. Pour débusquer les dissimulateurs de toutes sortes il fallait multiplier les motifs d'imposition et les taxes, compliquer le système et alourdir encore plus le coût du recouvrement.

Au cours de l'histoire, recouvrir l'impôt a toujours été un casse-tête et des systèmes extrêmement retors ont vu le jour. Il a même été, notamment dans l'empire Byzantin, mis aux enchères la fiscalité de certaines divisions administratives et d'un autre côté chaque Français connaît la sinistre réputation des fermiers généraux de notre ancien régime. Je ne vais bien sûr pas me lancer dans l'exubérante énumération des méthodes imaginées par les mille formes de gouvernements qu'a connu le monde, je me contenterai de souligner que ce furent toujours les honnêtes gens qui payèrent pour les autres. Or la dématérialisation ne permettra pas seulement d'annihiler la délinquance primaire mais elle permettra également de connaître avec exactitude les revenus de chacun, simplifiant ainsi la fiscalité.

Le système fiscal Français

Bien qu'injuste, ce système assis sur le travail (charges sociales) et la consommation (TVA) pouvait à peu près fonctionner tant que les Français achetaient français, l'économie tournant presque en circuit fermé (mais avec déjà un léger déficit dû au pétrole). L'impôt sur le revenu entre peu dans le budget national car peu de citoyens en sont redevables, de plus tout ce qui n'a pas déjà été pris aux employeurs (charges sociales) est ensuite amputé par la TVA.

Mais hélas, avec la mondialisation et l'intrusion de produits venant de pays réputés pour maintenir leur population en quasi esclavage, il est devenu impossible de lutter au niveau des prix.

Acheter français est un vœux pieux. Pourquoi une personne arrivant péniblement à « joindre les deux bouts » irait-elle payer 60€ un vêtement alors qu'il lui est possible d'acquérir sensiblement le même pour 20€ ? Il est vrai que le vêtement Français durera plus longtemps, que les coutures ne s'évaporeront pas au premier lavage et que les couleurs resteront, mais cela a t-il de l'importance quand le loyer n'est toujours pas réglé, qu'il faut encore payer le parking et passer à la pompe à essence ? Dans ce cas précis, seule la lourdeur des cotisations liées au travail est la cause de cette différence de prix, la TVA étant la même.

Une des solutions envisagées pour sauver ce système français serait de taxer les marchandises importées, mais alors les pays concernés ne se gêneraient pas pour nous rendre la pareille et nous avons bien vu les réactions chinoises qui menaçaient de taxer le vin français quand nous projetions de taxer leur photovoltaïque. Accepter de ne plus exporter son vin serait suicidaire pour la France, restons sérieux. De plus, qui dit taxe dit fraude, donc alourdissement des contrôles, perte d'énergie et d'argent.

Il est donc facile de constater qu'asseoir la protection sociale sur le travail est un frein à la consommation puisque les entreprises sont bien obligées de répercuter sur les prix les sommes effroyables qu'elles versent aux organismes sociaux, Urssaf et consorts. Nos gouvernements successifs l'ont bien compris en inventant CSG et CRDS (Cotisation Sociale Généralisée et Contribution au Remboursement de la Dette Sociale, s'il vous plaît), droite et gauche unanimes pour faire n'importe quoi, l'une les invente, l'autre les augmente après les avoir critiquées. Tout cela au prix de merveilles techniques, en particulier la CSG non déductible qui rend imposables des sommes dont personne n'a vu ni ne verra jamais la couleur. Certes, la protection sociale ne dépend plus seulement des salariés, mais dans quelle proportion ?

Toujours histoire de faire peser la protection sociale ailleurs que sur le travail, il est une autre solution tout aussi nulle : la TVA sociale tour à tour brandie par la droite et la gauche et qui augmenterait la TVA originelle, cette combinaison moyenâgeuse s'attaquant à l'argent qui circule et mutilant ainsi la croissance.

TVA

Cette taxe est la principale ressource de l'état. Son existence tient à deux raisons. Premièrement, c'est le mécanisme séculaire consistant à taxer l'argent qui circule, pas besoin d'avoir inventé l'eau chaude. Deuxièmement, cette taxe a l'avantage d'être soit-disant indolore, tout au moins ressentie par les contribuables comme un mal endémique, un peu comme la bronchite chronique du fumeur.

Remarquons que ces deux raisons sont suffisamment puissantes pour qu'il soit fait abstraction des extraordinaires défauts de cette taxe.

Primo, c'est une excellente occasion pour frauder, principalement si les clients règlent en liquide mais pas seulement.

Deusio, prix augmentés, c'est le principal frein à la consommation et donc à la sacro-sainte croissance.

Tertio, c'est un travail imposé aux entrepreneurs qui se voient transformés en percepteurs et contraints de faire appel à des spécialistes, des comptables, augmentant ainsi les coûts de production. Spécialistes et experts-comptables auxquels l'état ne fait absolument pas confiance car il délègue ensuite ses propres spécialistes pour contrôler, vérifier et avaliser, absorbant ainsi une grosse partie des ressources procurées.

Cotisations sociales

Toujours dans le but de rendre les ponctions indolores, mais également pour vite recouvrer de grosses sommes sans attendre la saison suivante, il a été inventé cet impôt à la source que sont les cotisations sociales. Les salaires sont diminués d'autant et elles sont si lourdes qu'un grand nombre de salariés ne payent ensuite pas d'impôt sur le revenu. Pire, l'hypocrisie règne car les cotisations dites « patronales » sont supérieures aux « salariales » (merci patron!) alors que cette différenciation est totalement inutile. Il faut avouer qu'avec le bulletin de salaire nous atteignons le sommet de la technocratie bête et méchante : de quoi se faire Hara-kiri ! En effet, les multiples contraintes pour calculer les charges sociales, pour les faire apparaître sur le bulletin de salaire puis pour s'en acquitter, sont indubitablement les fruits de cerveaux torturés. Nos énarques rivalisent d'inventivité avec des tonnes de colonnes et de chiffres, tandis que les salariés ne regardent que le montant du chèque.

Forcément, les entreprises confient l'élaboration des bulletins de salaires à des cabinets comptables dont c'est le métier. Mais les organismes sociaux, Unedic et caisses de retraites sont souvent paranoïaques, surtout Urssaf, Cancras et Carbalas : sont donc rétribués des contrôleurs pour vérifier que le chef d'entreprise n'est pas un vilain petit truqueur.

De plus, les réglementations retorses sont si nombreuses que même les contrôleurs s'y perdent, à moins qu'ils ne fassent semblant, dans un coup de bluff proche du suicide moral. Figurez-vous qu'après un contrôle Urssaf, une entreprise que je connais bien se vit infliger un redressement de presque 60.000€ en onze points litigieux d'inégales importances. Dans un premier temps, l'entreprise réfuta tout en bloc, avec d'excellents arguments, ne furent plus alors réclamés que 20.000€. Nouvelle contestation, le redressement tomba à 2.000€. Finalement, plutôt qu'encombrer le tribunal des affaires sociales l'entreprise paya les 2.000€, mais je reste persuadé que ce fut une injustice. Pourtant la question n'est pas là, elle est d'ailleurs bien plus inquiétante : comment un travail sérieux, en l'occurrence celui du contrôleur, peut-il donner lieu à de tels écarts ? Il y a vraiment là de quoi s'interroger.

À propos de trésorerie, alors que nous avons élevé la science économique au rang de religion, il est tout de même navrant de constater que les entreprises soient à la merci du moindre coup de mou et que les déconfitures tournent en cascade dès que la conjoncture se raidit ; travailler à flux tendus permet de tirer son épingle du jeu tant que tout va bien mais les faillites pleuvent aux premières giboulées. Ce n'est en fait pas étonnant tant les charges sociales sont lourdes ; si lourdes que certaines entreprises sont mises en redressement judiciaire pour la simple raison qu'à un certain moment elles n'arrivent plus à les payer. Curieusement, pour ne pas dire imbécilement, les employés sont alors mis au chômage, devenant ainsi un poids complet pour la collectivité, alors qu'ils auraient très bien pu continuer à travailler, pour peut-être seulement assurer leurs salaires et donc ne pas être tributaires de la solidarité quant à leurs besoins primordiaux.

S'il est exact que ces personnes n'apporteraient rien au Trésor Public, en revanche elles ne lui coûteraient rien.

Pire, les faillites d'entreprises en entraînent d'autres car les créanciers prioritaires, Urssaf et compagnie, prennent tout ; les clients non encore livrés vont se faire voir et les fournisseurs en attente de règlement mettent souvent clé sous porte.

La cause de cette situation est indubitablement le coût du travail, ce terrible coup de bambou asséné aux entreprises que tout politicien déplore un jour ou l'autre et qui, sans la moindre imagination, cherche à faire croire qu'il tente d'y remédier en inventant un contrat aidé qui s'avérera tout aussi naze que les précédents et ni plus ni moins fumeux que ceux qui suivront au gré des urgences électorales.

Bilan du système fiscal Français

Ce système fonctionnait lorsque le chômage était seulement conjoncturel et ne touchait qu'une faible partie des travailleurs durant une courte période, pour preuve les « Trente glorieuses ». Période durant laquelle les prix furent alourdis par la TVA (mise en place en 1954) et les charges sociales mais la concurrence étrangère était faible et la France produisait grosso modo ce qu'elle consommait. Avant la mondialisation, les Français achetaient français : tout allait donc pour le mieux dans le « meilleur des systèmes sociaux ».

Mais aujourd'hui la cause du chômage est structurelle et vouloir sauvegarder ce système obsolète revient à soigner les bourgeons d'un arbre dont le tronc est malade.

Si produits Français et étrangers sont égaux face à la TVA, il en va tout autrement en ce qui concerne les charges sociales car les importations massives dont nous souffrons en sont pour ainsi dire exemptes alors que la compétitivité de nos entreprises en est gravement affectée : elles vendent moins, par conséquence elles débauchent, ce qui accroît le nombre de chômeurs tout en diminuant la masse des cotisants. Pour pallier à cette baisse du nombre de cotisants les cotisations sont augmentées, creusant encore l'écart de prix avec la concurrence étrangère et causant donc de nouvelles pertes d'emploi. On continue ?

Le coût du travail est donc une calamité. Les autorités en sont très conscientes puisque chaque fois qu'il est décidé de favoriser l'emploi de telle ou telle sorte de chômeurs, il est créé un contrat aidé, c'est à dire exempt d'une certaine partie de charges. Contrats aux noms d'oiseaux qui atteignent parfois leurs objectifs en brinquebalant, mais sans jamais permettre d'embauche durable et tout en défavorisant les autres catégories de chômeurs. Bref, ces contrats ne servent à rien sinon à complexifier encore le calcul des charges sociales, complexifications entraînant fraudes, alourdissement des frais de comptabilité et de gestion, augmentant encore les coûts de revient et donc les prix à la consommation.

Non content de causer la ruine de notre pays, ce système y participe activement en réclamant des moyens de plus en plus coûteux pour fonctionner. Imaginez le parcours d'une nouvelle taxe ! Pour commencer, une belle équipe de technocrates l'invente après de très longues études agrémentées de controverses pleines de sous-entendus électoraux et de théories macro-économiques à la JCVD, tout ça pour tenter de faire de « l'indolore ». Ensuite il faut informer (former?) le personnel des administrations concernées et mettre en place les éléments matériels et bureaucratiques nécessaires. Les contribuables payeront à leur tour des spécialistes pour calculer ce qui est dû et voir s'il n'y aurait pas un moyen légal d'échapper à ce nouveau coup de matraque. Il faudra bien évidement vérifier les déclarations (on ne peut faire confiance à personne), ce sera le rôle d'une armée de contrôleurs par ailleurs souvent débordée de travail bien avant l'innovation en question. Pour couronner le tout, il arrive que le gouvernement suivant annule cette taxe, de telle sorte qu'elle aura finalement plus coûté que rapporté.

Je n'ai encore parlé que des charges sociales et de la TVA, mais il existe bien évidement de nombreux autres prélèvements obligatoires résultants de calculs compliqués et dont le recouvrement est l'occasion de nouvelles dépenses. Pourquoi disséminer le recouvrement des recettes de l'état dans trente-mille organismes différents ? Sans doute pour ne pas mettre tous ses œufs dans le même panier, argument bien faible, mais surtout pour diluer les ponctions dans l'indolore (ce sont les entreprises qui collectent TVA et charges sociales) et pour ne pas se mettre l'électeur à dos en lui prenant directement son argent par l'impôt sur le revenu. Comme si les électeurs ne savaient pas que la France est l'un des pays avec la plus forte pression fiscale ! Non seulement les Français sont écrasés d'impôts, mais la France est terriblement endettée et le déficit se creuse chaque jour. Si ce déplorable constat ne suffit pas à mettre en évidence la nullité de nos hommes politiques (toutes tendances confondues) que faut-il de plus ?

En fait et tel qu'il a été expliqué précédemment nos gouvernements n'ont pas compris que les temps avaient changés et que la mondialisation s'accompagnait de la révolution informatique. Avec la dématérialisation et la banque unique, les gains de tous seront connus en temps réel, l'état pourra alors se contenter de l'impôt sur le revenu (impôt à l'assiette établie automatiquement) et se passer des toutes ces ponctions qui pourrissent la vie, mutilent la croissance et tuent le travail des Français.

SIMPLIFICATIONS

Pour ce qui est du « choc de simplification » promis après le changement (?) ne nous attendons pas à grand-chose sinon à voir nos comptes en banque complètement « simplifiés » dès le 15 du mois. Nous avons hélas l'habitude de ces annonces chères aux ministres en mal d'idée, amusons nous un peu de leurs ratés. Je vous en raconte juste une. Il y a plus de vingt ans un ministre plein d'allant adressa à toutes les entreprises de France et de Navarre un magnifique cahier sur un papier tellement glacé qu'il était absolument impossible d'envisager se torcher avec, soit une épaisse brochure en couleur (payée par qui?) avec un effort de présentation pour lequel même le professeur le plus exigeant aurait mis dix sur dix. Après quelques propos éminemment sérieux, il y était expliqué en long, en large et en travers que le nouveau combat de l'administration n'avait pas du tout la tête du serpent de mer habituel, que cette fois ci c'était sérieux et qu'ils allaient vraiment apporter des simplifications aux paperasses. En premier lieu, ils allaient s'attaquer au bulletin de salaire et particulièrement aux taux à trois chiffres après la virgule, grande réforme parfaitement inutile puisque ce sont des ordinateurs que se tapent tout le boulot, trente chiffres après la virgule les amusent. Mais enfin, l'intention restait louable. Page suivante, constat était fait du déficit des caisses de retraite des cadres et donc création d'une nouvelle cotisation, exceptionnelle et temporaire, le CET qui existe toujours et dont les taux comportent trois chiffres après la virgule ! Et quels taux ! 0,036 et 0,024 !

Revenons à nos moutons et à la dématérialisation, ce joli mot si facile à prononcer et qui rime, lui, avec simplification. Avec la suppression de l'argent liquide il n'est pas question de quelques simplifications marginales mais bel et bien de table rase : recouvrement de la sécurité sociale et de toutes les charges liées au travail transféré vers l'impôt sur le revenu, impôt à l'assiette établie automatiquement, j'insiste. Donc en plus des énormes économies dues à l'annihilation de la délinquance, la France fera économie d'une énorme partie des travailleurs du sectaire tertiaire, ceux qui s'étiolent à mourir juchés sur leurs mauvais fauteuils en simili cuir noir et à roulettes.

« Ma simplification » consistera donc à prohiber l'argent liquide, à instituer une banque unique et à optimiser les recettes fiscales en les simplifiant à l'extrême car il est totalement inutile de décréter que telle taxe ou telle cotisation aura tel emploi Souvenons nous de la vignette automobile aux recettes soit-disant destinées à améliorer le sort des anciens qui n'en n'ont jamais vu la couleur. Systématiquement en déficit, l'état pioche dans les caisses excédentaires quand par miracle elles existent et les gouvernements (de droite comme de gauche) empruntent, augmentant ainsi la dette de la nation.

Sans parler d'état providence, il semble juste qu'en dehors de ses attributions régaliennes l'état soit chargé du financement de la santé, des retraites et du chômage. Pourquoi plusieurs organismes différents ? Pour assumer les tâches qui sont les siennes, l'état peut fort bien recueillir la quasi totalité de ses besoins par un seul moyen, direct et sans ambiguïté : l'impôt sur le revenu.

Notons que cet impôt est une invention relativement récente, 19ème, voire 20ème siècle, liée à la prolifération du salariat corrélative à l'industrialisation et à l'avènement du capitalisme.

En dehors de l'impôt sur le revenu, seul l'impôt foncier sera conservé et les rares taxes qui subsisteront concerneront des marchandises dont l'usage sera ainsi découragé. Les énormes économies que réaliseront les services fiscaux permettront aux cohortes de fonctionnaires dont l'énergie sera ainsi libérée de rejoindre sur le marché du travail utile les gardiens de prisons, les marchands de tirelires et les fabricants de machines à détecter les faux billets. Toutes sortes de métiers tomberont dans l'oubli. Il serait fastidieux d'en dresser la liste, mentionnons néanmoins les convoyeurs de fonds qui auront beaucoup de regrets en quittant cet emploi particulièrement bien rémunéré, sans aucun risque et très valorisant.

Retraites et chômage

Il fut un temps où les gouvernements se félicitaient de fortes natalités pour la simple raison que cela signifiait « chair à canon ». Ce temps là semble peut-être révolu mais les naissances sont toujours encouragées (allocations diverses, congé parental, etc), pour quelle raison ? Par souci religieux ? Par amour des enfants ? Non, tout simplement pour assurer nos vieux jours par le système de répartition nécessitant les cotisations de nombreuses personnes pour un seul retraité. Le problème est que les cotisants sont non seulement devenus rares mais qu'ils se raréfieront encore, le chômage s'aggravant de jour en jour. La France est dans une situation paradoxale, elle jouit d'une belle natalité mais elle est dans l'incapacité de permettre à ces individus tant désirés de cotiser par la faute d'un système obsolète dans lequel le travail a un coût.

Le coût du coût du travail

Prenons le cas d'un « travailleur pauvre », cette nouvelle race de prolétaires. Supposons qu'il gagne 600€ net par mois, cela veut dire que son salaire brut est de 750€, 150€ lui sont donc retenus au titre des charges salariales et environ 300€ sont payés par son employeur au titre des charges patronales. Autrement dit cet homme aura par son travail généré au moins 1050€, mais son patron n'étant certainement pas fou il faut estimer qu'il aura généré bien plus (l'entretien des machines a un coût, celui des locaux également, ajoutez à cela rémunération du gérant, des actionnaires et du personnel non productif).

Par la suite ce travailleur ne payera certes pas d'impôt sur le revenu (on aura déjà tout pris à son employeur) mais il lui faudra encore acquitter de nombreuses taxes supposées indolore. Cependant, consciente que cet individu n'a plus de quoi vivre, la France qui n'est pas un pays de sauvages, le fera bénéficier d'aides et d'exonérations diverses, pour un montant à peu près égal au 450€ confisqués sur son bulletin de salaire.

Vous pensez peut-être que c'est une équivalence et qu'il n'y a donc rien à dire, mais il ne faut pas négliger le coût de cette ponction puis de cette redistribution. En effet, les 450€ de charges salariales et patronales (le coût du travail), ont été savamment calculés, éclatés en moult cotisations avec parfois des chiffres ridicules (rions encore des 0,036% et 0,024% cités plus haut), puis transmis chèques à l'appui à une myriade d'organisations très sérieuses qui vérifient tout.

C'est ainsi qu'une belle partie des 450€ en question est absorbée par la rétribution des comptables des deux bords mais ce n'est pas tout car par la suite les aides accordées à notre travailleur pauvre seront calculées par des gens qui ne travaillent pas gratuitement.
Prendre d'une main pour donner de l'autre coûte cher.

En supprimant les charges sociales et en donnant directement son salaire au salarié, les économies seront triples : au niveau du comptable de l'employeur, au niveau des vérificateurs des organismes sociaux et enfin au niveau des fonctionnaires chargés de répartir les prestations sociales. Sans parler des multiples occasions de frauder et de s'en mettre plein les poches que procure ce système ; ce pourrait être le sujet de cent-cinquante autres livres.

Retraites

Je vais certainement en faire bondir plus d'un en affirmant qu'il n'y a pas de problème des retraites car seul le chômage est à mettre en cause : si tout un chacun avait du travail les cotisations rentreraient et nous n'aurions pas besoin de ces réformes en appelant toujours d'autres. Réchappe t-on deux fois le même pneu ? Nos gouvernants (d'hier et d'aujourd'hui) s'accrochent à un système ne fonctionnant plus et imaginent faire cotiser jusqu'à cent ans les rares Français ayant encore un emploi, en espérant que le travail de ces quelques miraculés subvienne aux besoins d'un foule de retraités, de chômeurs, d'étudiants, de handicapés, de prisonniers, de fonctionnaires et... d'élus !!

Cotisations sociales disparues, la masse des impôts payés par l'individu tout au long de sa carrière sera la base du calcul de sa retraite. Calcul savant que nos énarques se régaleront à effectuer. Une chose est certaine, il faut en finir avec le système de répartition tel qu'il est conçu à l'heure actuelle, système basé sur une population systématiquement en croissance exponentielle. Les plus graves problèmes de l'humanité, pollution et épuisement des ressources planétaires, sont en grosse partie dus à la prolifération du genre humain et même si certains optimistes imaginent pouvoir continuer ainsi il faudra bien qu'un jour la population se stabilise.

Remarquons qu'aujourd'hui les cotisations sont versées à des caisses (très nombreuses) qui emploient des salariés et qui les payent forcément avec l'argent censé être celui des retraites, cotisations finalement centralisées par l'Arco et l'Argic qui rétribuent également du monde ; il n'est donc pas étonnant que tous ces organismes soient perpétuellement en déficit.

Dématérialisation en place et tous ces organismes démantelés, il restera à calculer et à convertir les « points de retraite » généreusement octroyés par l'Arco et l'Argic. Ne doutons pas que la mise en place de ce mécanisme sera animée, mais ne perdons pas de vue que la situation économique sera meilleure que jamais et que si le peuple Français a opté pour la dématérialisation c'est en connaissance de cause et pour les multiples avantages qu'elle apporte.

Chômage

Il n'aura échappé à personne qu'un grand nombre de personnes verra son métier devenu complètement inutile et cela grâce aux bienfaits de la dématérialisation. Mais je le répète, ces métiers sont les conséquences de la désorganisation générale et de l'endémique suspicion engendrées par l'existence de la monnaie liquide, c'est pourquoi, il semble plus judicieux de parler d'énergies libérées que de chômage.

Les impôts acquittés avant la perte d'emploi serviront à calculer les indemnisations chômage et je suis certain que nos énarques s'en feront un plaisir, avec les merveilleux pourcentages dont ils ont le secret.

Quoi qu'il en soit, il devrait y avoir très peu de personnes sans emploi étant donné le coût zéro du travail. Soulignons encore l'absurdité qui consiste à faire contribuer aux dépenses collectives un individu gagnant mal sa vie, absurdité faisant que son employeur s'en débarrasse dès que l'activité baisse (et que les cotisations augmentent), ce qui amène cet individu à ne plus rien gagner du tout, devenant ainsi un poids complet pour la société. Les charges sociales imposées aux entreprises dès le premier euro versé aux salariés sont clairement les causes de tous les problèmes d'emploi que nous connaissons et du manque de compétitivité de nos industries, personne ne le nie mais personne n'y remédie autrement qu'avec des bouts de ficelle, contrats stupidement « aidés » ou niche fiscale décriée.

FISCAL

Impôt sur le revenu

Les salaires ayant été fortement augmentés (de la moitié des ex-charges) rares seront les travailleurs ne payant pas d'impôt.

Cet impôt devra être progressif, première tranche avec un taux faible, deuxième tranche avec un taux légèrement plus élevé et ainsi de suite jusqu'à ce que les énormes revenus de certains soient énormément taxés. Il est tout à fait possible d'imaginer une très grande progressivité dans l'impôt, avec les premiers 100€ imposables à 1%, les cent suivants à 2% et ainsi de suite jusqu'à atteindre le rythme de croisière avec des tranches plus larges. Que chacun se rassure, ces calculs sont enfantins, un Commodore des années 80 équipé du Basic le plus miteux s'en amuseraient, or nous disposons aujourd'hui d'ordinateurs à la puissance phénoménale.

Ces chiffres ne sont donnés qu'à titre d'exemple et l'administration devra calculer elle même les seuils, l'ampleur des tranches et les taux qui y seront appliqués, en fonction de ses besoins et de ses prévisions budgétaires. Elle devra également tenir compte du nombre de personnes à charge, cela va sans dire, ainsi que de certains paramètres dont il serait très intéressant de raccourcir la liste.

Si les sommes réclamées aux individus sembleront énormes en regard de ce qu'elles sont aujourd'hui, c'est parce qu'il est définitivement et sciemment fait une croix sur l'impôt soit-disant indolore, cette TVA qui nous l'avons vu est la première source d'injustice, de frais inutiles et d'évasion fiscale. Aujourd'hui, de nombreux individus se retrouvent non imposables pour la simple raison que tout a déjà été pris aux employeurs et que les miettes constituant certains salaires seront par la suite amputées par la TVA et par une myriade d'autres taxes, en particulier celles d'autoroute et de stationnement, tu circules, tu circules pas, tu payes quand même !

Bien évidemment, un gouvernement dit « de gauche » sera tenté de faire croire qu'il taxe fortement les riches tandis qu'un gouvernement dit « de droite » cherchera à ne pas faire sentir qu'il favorise les hauts revenus. Le détail exact des seuils, des tranches et des taux sera toujours affaire de sensibilité politique, avec la mauvaise foi qui s'y attache, certes, mais les citoyens seront forcément gagnants étant donné que les besoins de l'état seront extraordinairement diminués grâce à la dématérialisation. Sans compter qu'en dehors d'une justice fiscale véritablement accrue, les gens vivront dans la sérénité, sans crainte de se faire braquer à tous les coins de rues.

Taxe d'habitation et taxe professionnelle

Pourquoi pas des taxes de respiration ou de réveil-matin pendant qu'on y est ?

Ces iniquités disparues, les municipalités seront privées de ressources et l'état devra leur reverser une partie des fruits de l'impôt sur le revenu en fonction de divers paramètres dont la détermination et l'évaluation nous vaudront certainement quelques belles empoignades entre élus de toutes sortes. Notons tout de même que la taxe d'habitation est déjà plus ou moins assujettie à l'impôt sur le revenu puisque les personnes aux trop faibles ressources en sont exonérées.

Impôt sur les sociétés

Cet impôt est un frein à prospérité de nos entreprises. Sa disparition leur permettra de se constituer une trésorerie et de résister aux difficultés passagères.

Les distributions de dividendes seront sévèrement encadrées, il n'est absolument pas question que la disparition de cet impôt profite seulement aux capitalistes.

Impôts sur la propriété

Cet impôt existera toujours, car si le simple fait d'habiter ou de travailler est tout à fait normal et ne justifie absolument pas que l'on doive payer, par contre posséder un morceau de France doit obligatoirement amener à contribuer aux besoins nationaux.

Niches fiscales

Il existe un grand nombre de niches fiscales. J'évoquerai seulement celle qui permet d'embaucher du personnel de maison à moindre coût, le but initial étant de créer des emplois. Les contribuables bénéficiant de cette mesure se voient donc accorder un crédit d'impôt, ce qui sous-entend que les personnes gagnant mal leur vie et donc ne payant aucun impôt sur le revenu ne peuvent absolument pas en profiter, elles doivent donc se débrouiller toutes seules pour faire garder leurs enfants ou pour accomplir les tâches ancillaires qu'elles n'ont guère le temps d'effectuer, accaparées qu'elles sont par leur travail et le maigre salaire qui y est lié.

Constatons qu'il est aujourd'hui malaisé d'abroger cette mesure car alors de nombreuses « petites » gens se retrouveraient au chômage, leurs « riches » employeurs n'étant pas suffisamment riches pour assumer à la fois les salaires et les charges sociales. Or ce crédit d'impôt décrié correspond grosso modo au montant des charges Urssaf et compagnie, nous avons donc là clairement la preuve que ce sont les charges sociales qui tuent l'emploi. Nous voyons donc que supprimer ces charges sociales par n'importe quel moyen, ici c'est un crédit d'impôt, est créateur d'emploi. Avec la disparition des charges liées au travail, cette niche n'aura plus lieu d'être.

CONSIDERATIONS DIVERSES

Sécurité sociale

Le trou béant que tout le monde connaît est clairement causé par l'énormité des cotisations que les travailleurs doivent payer. Cotisations auxquelles les entreprises ont de plus en plus de mal à faire face et qui entraînent ces délocalisations que nous déplorons et ces faillites qui à leur tour entraînent une baisse des sommes versées à l'Urssaf. Le serpent se mord la queue et nos énarques se creusent la tête, ils augmentent les taux de cotisation, occasionnant de nouvelles délocalisations et faillites. Il serait même question d'inventer une nouvelle race de TVA dite « sociale » et donc de multiplier les néfastes effets de la TVA originelle, effets pervers longuement décrits par ailleurs.

Or tout un chacun peut constater que depuis la création de la CMU il n'est aucunement besoin de cotiser pour être médicalement couvert. C'est un indéniable progrès mais il faut aller au bout du raisonnement et faire bénéficier tout le monde de la gratuité des soins sans distinction entre ceux qui payent l'impôt et ceux qui n'en payent pas (contrairement à aujourd'hui où ceux qui payent des cotisations doivent encore mettre la main à la poche pour se faire soigner). Le surcoût sera en partie compensée par la disparition de l'Urssaf, cette énorme et pesante machine, au profit du seul impôt sur le revenu.

À propos de l'Urssaf, tel que son non l'indique ce n'est jamais qu'une Union de Recouvrement, elle emploie un grand nombre d'agents qui ne s'amusent pas du tout en vérifiant les déclarations des entreprises et surtout en encaissant parfois avec de grosses difficultés des sommes effroyables. Mais l'Urssaf emploie également des contrôleurs qui se déplacent à cheval sur un Onzième Commandement de leur cru, « En cachette tu ne travailleras point » et qui traquent les travailleurs dissimulés.

Ces contrôleurs ciblent souvent les restaurants, surtout au début de l'été, les amendes pleuvent sur l'huile rance et sur le bougre qui tient la friteuse, un bilan triomphal avec plus ou moins de zéros nous est présenté, puis rendez-vous est pris pour l'année prochaine. Ces contrôleurs sont plein de courage, ils forment des commandos, bloquent les issues de secours, investissent la place et coincent les contrevenants. Comment se fait-il que ce soit tous les ans le même scénario ? Je ne surprendrai personne en affirmant que c'est la lourdeur des charges sociales, qui non seulement donne envie de frauder, c'est humain, mais qui décourage les éventuelles initiatives honnêtes, car « se faire massacrer par les impôts » rebute un grand nombre. Mais il faut bien vivre et ces personnes continuent leurs magouilles, sachant par expérience qu'elles s'en sortiront cahin-caha, que les prisons sont pleines et que les amendes sont rarement recouvrées. Les contrôles se durciront et les contrevenants se radicaliseront : un contrôleur de l'Urssaf ira t-il bientôt reposer dans le carré des inspecteurs du travail morts pour la France ? C'est à redouter.

Fonctionnaires

Aujourd'hui, dégraisser la fonction publique est une nécessité, non parce qu'elle ne sert à rien mais parce qu'elle coûte trop cher et que le budget de l'état n'y arrive plus. C'est ainsi qu'on rogne sur des services hautement précieux tels que la santé et l'éducation.

La dématérialisation, grâce aux énormes simplifications qu'elle entraîne, diminuera beaucoup le travail de l'état. Si les fonctionnaires partant à la retraite ne seront pas remplacés ce ne sera pas pour économiser leurs salaires mais bel et bien parce qu'ils seront devenus inutiles.

Toutefois, la dématérialisation mise en place, il restera un grand nombre de fonctionnaires ou assimilés fonctionnaires encore trop jeunes pour envisager la retraite mais dont le métier sera devenu complètement inutile. Ces gens là devront se recycler, l'état trouvera certainement à les employer, peut être dans l'éducation nationale et qu'on ne vienne pas dire qu'ils ne disposent pas de la formation requise puisque désormais nos enseignants ne reçoivent aucune formation ! De plus, il n'y a pas de raison pour que des personnes valides avec deux bras, deux jambes et un cerveau ne puissent pas se rendre utile dans une économie florissante.

Comptabilité

Tous les comptables ne verront pas leurs énergies libérées, loin de là. Si calculs des charges sociales, impôts et taxes auront disparu il faudra néanmoins que les entreprises établissent un bilan annuel, ne serait-ce qu'à des fins analytiques ou pour définir les salaires et la distribution des dividendes. En ce qui concerne la répartition des bénéfices entre salaires et dividendes, rappelons qu'il sera sévèrement légiféré et qu'il ne sera absolument pas question que les revenus du capital échappent à l'impôt.

Le contrôle des comptabilités par les services fiscaux permettra non seulement de déceler les abus de biens sociaux et donc les revenus occultes mais il permettra également de repérer les entreprises dont les recettes et les dépenses ne correspondront pas à l'activité déclarée et qui se livreront en fait à des trafics.

Petites dépenses

Certains penseront que devoir acheter sa baguette de pain avec une carte bancaire ne sera pas vraiment pratique et occasionnera des pertes de temps. Qu'ils se souviennent donc des jours où ils trépignaient d'impatience alors que la vieille dame devant eux farfouillait désespérément son porte-monnaie à la recherche de minuscules piécettes. Qu'ils se souviennent des jours où le boulanger se trouvait à cours de monnaie et faisait patienter ses clients pendant que son épouse partait faire le tour des commerces adjacents, pour en revenir parfois bredouille. Qu'ils se consolent en se souvenant que ces commerces encaissant presque tout en liquide représentaient les meilleures sources d'évasion fiscale. Qu'ils se rassurent en comprenant qu'aucun braqueur fou ne surgira soudain, armé autrement qu'avec une baïonnette, pour saisir frénétiquement les quelques euros traînant dans la caisse.

Notons que dans quelques endroits il est déjà possible d'effectuer ces petites dépenses avec un porte monnaie électronique, voire même avec son téléphone portable, mais je rappelle qu'il n'est ici pas seulement question d'encourager les paiements immatériels mais bel et bien de prohiber l'argent liquide pour en annihiler les effets pervers et cela malgré les quelques inconvénients que cette suppression puisse avoir. C'est le prix à payer.

Pourboire

Nous abordons là un sujet qui bien que folklorique n'en est pas rigolo pour autant. Voici une population d'honnêtes travailleurs dont la rétribution est, du moins pour partie, sujette aux variations d'humeur de sa clientèle. Rétribution non seulement aléatoire mais également et surtout impossible à contrôler par le fisc, donc rétribution inégalitaire entre salariés et source d'injustice fiscale car l'employé dont tous les revenus sont strictement connus paye son impôt en conséquence tandis que le loufiat y échappe partiellement. De plus, sans évoquer les problèmes de discrimination sexiste, il faut bien avouer que la serveuse au postérieur accaparant gagne bien plus que le vieil homme au rictus éteint par la vie, alors que la limonade est servie dans les règles de l'art, par l'une comme par l'autre.

Cette pratique du pourboire a déjà tendance à disparaître, le prix des consommations incluant souvent le service, en général 15%, elle disparaîtra définitivement, certains le regretteront, d'autres pas, mais ce n'est en fait qu'un détail.

Mendicité

Nous touchons là un point crucial. Comment se fait-il qu'après des siècles de civilisation, alors que les Français se gargarisent à intervalles réguliers en évoquant la déclaration des droits de l'homme et que nous sommes en pleine société de consommation, comment se fait-il que des personnes en soient réduites à tendre la main et à farfouiller dans les poubelles ?

Ma réponse ne surprendra pas : c'est la désorganisation générale issue de l'existence de la monnaie liquide qui est la principale responsable de cet état de fait. Cet archaïsme qui fait considérer chaque individu comme un voleur potentiel, qui fait que tout le monde se méfie de tout le monde, qui fait que les énergies soient gaspillées à se protéger les uns des autres, et par dessous tout, qui fait que les pouvoirs publics soient dans l'impossibilité d'organiser de façon cohérente le recouvrement de l'impôt et se retrouvent par conséquent dans l'incapacité de gérer harmonieusement la vie publique. Inégalités, suspicions et rapacités conduisent invariablement les plus faibles d'entre nous sous les ponts.

Il est tout de même désolant, pour l'esprit sinon pour le cœur, de constater que malgré les extraordinaires progrès accomplis par l'humanité, l'extinction du paupérisme soit restée un vœux pieux et que les pays comptant le plus de riches soient également ceux où les pauvres pullulent.

Grâce aux bienfaits économiques de la dématérialisation et grâce à une véritable politique du logement (recyclage des prisons?), ces malheureux ne devraient plus être qu'un souvenir.

Sans-papier

Le propre d'un « Sans-papier » est de ne pas en avoir, Monsieur de Lapalisse n'aurait pas dit mieux, or pour survivre dans l'espace dématérialisé il sera absolument indispensable d'être un citoyen répertorié possédant un compte à la banque de France. Il n'est bien sûr pas question de rejeter brutalement tout ces gens à la mer, mais plutôt d'en régulariser certains en ayant l'assurance que (grâce à la dématérialisation) ils n'iront pas alimenter d'économie souterraine et qu'ils ne seront pas exploités comme des esclaves par des patrons sans scrupules.

En fait, nombre de nos citoyens sont devenus xénophobes (non pas racistes) à cause du chômage galopant et des problèmes économiques. Mais il faut reconnaître que malgré les ravages de « la crise » (elle a bon dos) notre pays fait figure de paradis, les « nègres » peuvent y travailler au noir et pour certains y voler sans crainte de se faire trancher la main.

Prostitution

Imaginer éradiquer le plus vieux métier de monde est une idiotie sans nom car il se trouvera toujours des femmes qui préféreront louer leur corps plutôt qu'exercer d'autres activités professionnelles. Par contre lutter contre les proxénètes qui forcent des filles à se prostituer pour ensuite leur confisquer la recette du jour, ou de la nuit, est absolument légitime.

Avec la dématérialisation, il sera impossible aux proxénètes de justifier leurs revenus, quand bien même tenteraient-ils de dissimuler leurs sinistres activités en leçons de piano ou en conseils ésotériques car le moindre dépôt de plainte par l'une de leurs « femelles » sera suivi d'un contrôle fiscal qui les conduira directement en prison.

Quoi qu'il en soit, en supposant que ces affreux personnages réussissent par miracle à passer entre les mailles du filet, ce n'est pas pour autant qu'ils échapperont à l'impôt ; la morale n'en sera certes pas sauve mais ce sera toujours ça de pris.

Drogues

La différence entre un proxénète et un dealer est de taille car l'acheteur de rêves en poudre ou d'idées fumeuses est volontaire : il n'ira certainement pas porter plainte, alors que la péripatéticienne victime du racket d'un proxénète l'est à son corps défendant, sans jeux de mots.

L'examen du compte bancaire d'un dealer sera bien plus révélateur que celui d'un proxénète qui se contente d'encaisser de fortes sommes à intervalles plus ou moins réguliers, sommes provenant presque toujours des mêmes personnes, prostituées aux activités facilement répertoriées. Le dealer, quant à lui, doit s'approvisionner en acquittant de fortes sommes puis revendre, encaissant une multitude de petits montants, soit une véritable comptabilité qui le dénoncera sans coup férir.

Nous entrevoyons là les énormes économies que réaliseront les forces de polices, mais ce n'est pas tout. En effet, il est bien connu que certaines organisations semant la terreur de par le monde se procurent des moyens par le trafic de drogue : la dématérialisation leur coupera l'herbe sous le pied et ces terroristes devront faire une croix partout où l'argent liquide sera prohibé. Notons qu'il en sera de même en ce qui concerne les braquages destinés à alimenter les caisses des extrémistes de tous poils.

Une fois évoquées les incidences des trafics de drogues sur l'économie, il reste la question philosophique : que ne feraient pas les humains pour un peu d'ivresse ? La légalisation de certaines catégories de drogues est envisageable, tout comme pour le tabac et l'alcool, mais c'est là un vaste problème et je laisse à d'autres le loisir de chercher une solution, moi mon truc c'est la prohibition de la monnaie fiduciaire.

Banlieues

Les populations parfois stigmatisées comme des racailles nécessitant l'emploi de nettoyeurs à haute pression verront les coupables activités dont on les soupçonne réduites à néant. Ces personnes sont à l'heure actuelle les premières victimes du chômage, chômage généré par le monstrueux coût du travail, j'insiste, et ce ne sont pas les plans banlieues au ridicule consommé, les quelques zones défiscalisées ou les vagues contrats aidés du jour qui y changent quoi que ce soit.

Pourquoi un jeune au faciès synonyme de délit, dont la mère fait des ménages au black et encaisse indûment diverses allocations, dont le père est au chômage depuis des années, dont le grand frère trafique des substances prohibées et dont les cousins vont et viennent en prison pour des motifs aussi sordides que peu payants, pourquoi ce jeune serait-il enclin à respecter la loi ? Vivre dans un environnement qui bafoue les règles conduit rarement sur les chemins de la vertu. C'est ainsi qu'en plus de subsister en alimentant les économies souterraines, ces populations pour lesquelles se moquer de la police et de la société en général est une habitude, voire même un titre de noblesse, se livrent à de multiples incivilités gratuites telles que brûler l'automobile du voisin les jours de fête ou tabasser un passant, histoire de rigoler.

La dématérialisation entraînera non seulement l'impossibilité à vivre crapuleusement mais entraînera également la facilité à travailler, elle permettra donc à ces gens là, hargneux par désœuvrement, de s'insérer dans la société et de cesser d'être la source de tous ces problèmes que les politiciens dénoncent à intervalles réguliers et qui servent à masquer leurs multiples incompétences, voire à dissimuler leur prévarications.

Gangsters

Si pour avoir un téléviseur il sera toujours possible de voler celui du voisin et que pour s'alimenter il sera envisageable de braquer les clients à la sortie du supermarché, il n'en restera pas moins que tout cela ne sera jamais qu'une délinquance vivrière car les organisations mafieuses en seront réduites au troc, ce qui constituera une indéniable régression.

Arraisonner un camion de téléviseurs pour en faire quoi ? Échanger un téléviseur contre une machine à laver provenant du pillage d'un entrepôt ? Soit, mais il y aura forcément une différence de valeur. Compléter cette différence avec quinze kilos de viande prétendument dérobés la veille et douze cartouches de cigarettes de contrebande ? Certains bandits ont l'estomac fragile, d'autres sont végétariens et tous ne fument pas.

Nous entrevoyons là les immenses problèmes que rencontreront ces catégories de personnes. De plus, en supposant qu'ils réussissent à s'organiser, ce dont je doute fortement, ils se feront toujours remarquer par le fisc étant donné que leurs éléments de train de vie ne correspondront absolument pas avec les mouvements sur leurs comptes bancaires.

De plus, pour éviter les vols de cartes bancaires avec extorsion de code secret couteau sous la gorge, pour ensuite aller dépenser impunément, il serait bon de remplacer le code secret par une identification telle que l'empreinte digitale.

Notons qu'à l'heure actuelle, que l'on soit en période électorale ou non, la sécurité est systématiquement l'objet d'âpres joutes et qu'en général les solutions proposées consistent à augmenter les effectifs de police et à installer des caméras partout, augmentant ainsi une fois de plus la pression fiscale tout en diminuant les budgets des ministères dont l'action serait à même de faire baisser la délinquance. Ces ministères, celui de l'éducation en particulier, voient donc leur travail réduit à néant ; les incivilités se multiplient, les activités souterraines prennent de plus en plus d'importance, le désarroi des exclus leur fait commettre des actes délictueux avec une plus grande fréquence ; en conséquence les forces de répression sont à nouveau augmentées, la pression fiscale avec, générant encore et toujours de nouvelle formes de délinquances. Aujourd'hui, pour quelques malheureux euros, les commerces de proximité sont braqués à la kalachnikov, on tue pour trois billets et les prisons saturent.

Pirates

Les transactions s'effectuant toutes par ordinateurs, nombreux seront ceux qui craindront que notre société devienne le royaume des pirates informatiques or c'est exactement le contraire qui se produira : aujourd'hui, les escroqueries à la carte bancaire visent principalement à obtenir des liquidités, avec la dématérialisation elles n'auront plus lieu d'être. Quant aux malversations plus sophistiquées, il leur sera extrêmement difficile de perdurer grâce à la banque unique, de surcroît les services de polices, libérés d'un grand nombre de tâches, pourront se concentrer sur ces problèmes avec plus d'efficacité.

Europe

L'idéal serait bien sûr que toute la zone Euro adopte la dématérialisation. Mais il ne faut pas rêver, dans un premier temps, il faut s'attendre à ce que la France soit la seule à franchir ce pas, elle devra donc dénoncer certains accords européens. Conserver l'euro serait tout à fait possible, bien évidemment uniquement en version scripturale. Toutefois, il serait peut-être avantageux de revenir au Franc, du moins à une monnaie à parité différente de l'Euro, de façon à rendre plus difficiles les petits trafics frontaliers.

Pour ce qui est de la libre circulation des personnes, que ce soit pour affaires ou pour tourisme, ces personnes devront posséder un compte, approvisionné, à la banque de France. Cette petite contrainte devrait être fort bien acceptée eut égard aux formidables conséquences de la dématérialisation qui rendront la France encore plus attractive. En effet, non seulement les prix y seront bas mais les visiteurs ne craindront pas de se faire détrousser en l'absence totale de délinquance.

Les commerçants frontaliers seront, n'en doutons pas, incités à accepter les espèces sonnantes et trébuchantes des étrangers de passage car ces transactions effectuées en liquide seraient nettes d'impôts. Qu'ils ne se bercent pas d'illusions car de faux étrangers, en fait des agents du fisc, les piégeront et les amendes seront lourdes, très lourdes, de plus l'examen de leurs comptabilités démasquera très souvent ceux qui dépasseront les bornes. Mais heureusement, ces mesures de répression devraient se montrer inutiles ; en effet, que fera notre commerçant de cette monnaie prohibée ? Dépenser à l'étranger ? Ne perdons pas de vue que les autres pays pratiqueront encore cette taxe stupide qu'est la TVA et que le coût du travail y sera très lourd, en conséquence notre commerçant frontalier se retrouvera à acheter des produits à des prix généralement bien plus élevés que dans l'espace dématérialisé.

Investisseurs étrangers

Il faut s'attendre à ce que les investisseurs étrangers se bousculent pour ressusciter nos industries et refleurir notre commerce. En effet, son coût du travail désormais égal à zéro, notre pays devrait attirer tout autant de délocalisants que certains autres états célèbres pour réduire une partie de leur population à l'esclavage. Mais que personne ne se trompe : l'absence totale de charges sociales liées aux montants des salaires ne permettra pas aux capitaux étrangers de s'enrichir inconsidérément car les bénéfices seront rigoureusement et équitablement répartis entre salariés et actionnaires.

Équitablement ? Là encore, produire des chiffres demandera de très difficiles études dont les résultats seront, à n'en pas douter, fortement dépendant de la sensibilité politique de ceux qui les avanceront. Quoi qu'il en soit, les dividendes seront tous, bel et bien tous, soumis à l'impôt. Il y a lieu à ce sujet de distinguer deux types d'actionnaires : ceux qui payent leurs impôts en France et ceux qui ne sont jamais qu'un compte en banque à l'étranger. En ce qui concerne les contribuables « Français », leurs revenus capitalistiques entreront normalement dans l'assiette de calcul de leur impôt. Quant aux « étrangers », étant donné qu'il sera impossible de connaître la totalité de leurs revenus, leurs dividendes seront taxés à la source, à un taux qui n'en doutons pas sera fixé en fonction de critères hautement politiques.

CALENDRIER

Les six mois après les élections législatives
Élaboration des textes de loi nécessaires à la dématérialisation, tout particulièrement ceux concernant la fiscalité des revenus du capital et la rémunération du patronat, de telle sorte que les bénéfices de la suppression des charges sociales ne soient pas détournés au profit d'une minorité.

1er janvier de la première année
Diminution d'un tiers des charges liées au travail
Suppression de la TVA sur les aliments
La diminution des cotisations profitera pour moitié aux salariés qui verront leur net à payer augmenté de plus de 10% d'un seul coup et pour l'autre moitié aux entreprises. Tous les emplois pouvant être considérés comme « aidés » (sans noms d'oiseaux ni acronyme pervers) le chômage diminuera déjà sensiblement.

La banque « Unique » ouvrira ses portes et ceux qui le voudront pourront y transférer leurs comptes sans attendre, ne doutons pas que la totale gratuité de ces services incitera bon nombre de citoyens à y venir.

L'impôt sur le revenu sera certes augmenté, mais qui viendra s'en plaindre ? Certainement pas ceux qui auront commencé par voir leurs salaires augmentés et les prix de l'alimentation baisser.

1er janvier de la deuxième année
Diminution d'un tiers des charges liées au travail

Le « Net à payer » des salariés sera le salaire brut antérieur. L'impôt sur le revenu augmentera encore un peu, augmentation que les salariés honoreront dans la joie, ayant vus leurs revenus exploser (en deux ans, le salaire brut s'étant mué en salaire net).

Bénéficiant d'une énorme diminution des charges, les entreprises refleuriront et le chômage baissera mécaniquement

La délinquance aura déjà sensiblement baissé, grâce à un mieux dans l'emploi et grâce à la raréfaction des espèces, chacun se préparant au grand chambardement prévu à la saint Sylvestre. Le 31 décembre de cette année sera la dernière journée d'un archaïsme.

1er janvier de la troisième année
Suppression définitive des charges liées au travail
Prohibition totale de la monnaie fiduciaire.

L'impôt sur le revenu augmentera encore mais les salariés sortiront le champagne car ils bénéficieront de la moitié de feu les charges patronales, les entreprises bénéficiant de l'autre moitié.

L'emploi s'améliorera de jour en jour, les entreprises embaucheront et proposeront de bons salaires.

La délinquance crapuleuse sera en voie de disparition et si les prisons ne seront pas encore vides, elles cesseront de se remplir.

<u>1er janvier de la quatrième année</u>
Suppression complète de la TVA

L'argent liquide ayant été prohibé l'année précédente, les revenus de chacun seront connus avec exactitude, donc l'impôt fonctionnera de façon optimale et bien qu'il soit plus lourd que les années précédentes, personne n'ira s'en plaindre, tous ayant vu vu leur pouvoir d'achat exploser.

Débarrassées de toutes contraintes extérieures à leurs métiers, les entreprises prospéreront et nous nous rapprocherons du plein emploi.

<u>1er janvier de la dernière année</u>
Suppression des impôts sur les sociétés
Suppression de la taxe d'habitation

Les élections approchent. Tous les éléments de la dématérialisation sont mis en place et les élus suivants n'auront plus qu'à effectuer des réglages. Il restera à convaincre les européens de nous imiter, gageons que les extraordinaires résultats obtenus chez nous les y inciterons.

Conclusion

J'entends déjà les cris d'orfraies et les objurgations des misonéistes de tous poils hurlant au Big Brother et au totalitarisme. La dématérialisation sera accusée de n'être qu'un vaste flicage.

Il est exact que les déplacements et les dépenses des individus seront facilement connus, mais il ne faut pas se leurrer, c'est déjà le cas aujourd'hui, téléphones portables et cartes bancaires trahissent tout un chacun, sauf ceux, et c'est un grave paradoxe, sauf ceux qui désirent ne pas se faire repérer. De plus, les centres de nos villes sont inondées de caméras horriblement coûteuses qui selon les premiers bilans sont parfaitement inefficaces. En fait, seuls les malhonnêtes et ceux qui trompent leurs épouses auront à regretter la disparition de l'argent liquide, mais si traquer les mafieux est clairement affaire des pouvoirs publics, ceux-là n'ont en revanche aucun rôle de conseiller conjugal à assumer et les histoires de cuisses devront se régler exclusivement les jours de lessives familiales .

Je m'attends également aux jérémiades de ceux qui pleurerons les libertés individuelles disparues. Mais de quelles libertés parleront-ils ? De la liberté d'escroquer aux prestations sociales ou de la liberté de se déplacer dans la rue sans crainte de se faire égorger pour quelques roupies ?

Heureusement, le commun des mortels devrait se féliciter de voir la sécurité devenue enfin réelle, cette fameuse sécurité qui fait se déchaîner les passions dès qu'approche la date d'une élection et qui permet aux candidats de tous bords de noyer les poissons tout en essayant de faire croire qu'ils ont l'intention d'utiliser telle ou telle solution, contrairement à leurs adversaires qui eux préconisent telle autre méthode, alors que toutes ces recettes ne sont jamais que les imitations de systèmes anciens avec des uniformes d'un bleu variable et une pointe de technologie, voire de démagogie, nouvelle. Nous voyons tous où nous ont mené ces histoires de police plus comme ceci ou moins comme cela : nos rues sont un foutoir, dangereuses par endroits et mortelles en d'autres.

Grâce à la dématérialisation, la sécurité sera réelle avec des effectifs policiers réduits ; le commun des mortels n'aura plus peur de se faire matraquer en se promenant dans la rue et sera libéré de sa hantise des matraques fiscales en ouvrant sa boîte aux lettres.

Remarquons que ce n'est pas la seule diminution du nombre de policiers qui fera baisser l'impôt mais que c'est surtout la diminution du nombre de justiciables qui entraînera de formidables économies dans le budget national, prisons et gardiens, avocats, juges, etc... Nos policiers, quant à eux, plutôt que de jouer aux gendarmes et aux voleurs sans résultats tangibles sinon encombrer les tribunaux et faire déborder les prisons, seront redéployés et pourront enfin se consacrer à la délinquance routière avec efficacité sans se faire accuser de seulement chasser le pognon. Il restera le problème des terroristes et des détraqués, malades mentaux aux érections à dérélictions mais je suis certain qu'une fois leurs énergies libérées par la dématérialisation nos policiers s'y pencheront avec une acuité nouvelle et donc une réelle efficacité.

Malgré ses multiples et imparables avantages, la dématérialisation sera taxée d'utopie, surtout par ceux qui feront semblant de ne pas comprendre. Qui n'a jamais piqué des sous dans le porte-monnaie de sa maman ? Très rares sont les gens véritablement honnêtes, chacun voudra s'accrocher à ses magouilles : celle qui fait des ménages au black comme celui qui répare les tuyauteries au fond de la soute, dans la crasse et l'insécurité ; le voyou de quartier comme le ministre véreux qui sait très bien que c'est en laissant au menu peuple l'occasion de tricher un peu qu'il pourra lui-même tricher beaucoup. Devrons-nous continuer ainsi ? Avec la peur au ventre dans les rues et même à la maison ; avec un système économique défaillant malgré les auto-satisfecit que se décernent à tour de bras nos élus ; avec des banquiers rutilants bien que responsables d'effroyables crises financières ; avec des hommes politiques qui lorsqu'ils n'ont pas le cerveau englué dans le portefeuille sont anesthésiés par de trop longues études ; avec d'insupportables charges sociales poussant nos patrons à délocaliser, ce en quoi ils ont parfaitement raison, l'argent n'ayant pas plus d'odeur que de patrie...

www.ingramcontent.com/pod-product-compliance
Lightning Source LLC
Chambersburg PA
CBHW062021280526
45787CB00005B/2187